Illustrations originales librement inspirées du mythe d'Osiris, des bas-reliefs des chapelles de Dendara et des recherches de Franck Goddio et David Fabre effectuées dans le cadre de l'exposition « Osiris, Mystères engloutis d'Égypte », coproduite par l'Institut européen d'archéologie sous-marine, l'Institut du monde arabe et Artevia, qui se tiendra à l'IMA du 8 septembre 2015 au 31 janvier 2016.

Crédits photographiques :
Toutes les photographies de cet ouvrage sont de Christoph Gerigk © Franck Goddio/HILTI Foundation à l'exception de l'image 3D p. 20-21 : Yann Bernard © Franck Goddio/HILTI Foundation

ISBN : 978-2-7324-7259-1
Dépôt légal : août 2015

Conforme à la loi n° 49-956 du 16 juillet 1949 sur les publications destinées à la jeunesse.

Photogravure : Bussière
Achevé d'imprimer en août 2015 sur les presses de Pollina en France - L73263

www.lamartinierejeunesse.fr
www.lamartinieregroupe.com

CAMILLE VON ROSENSCHILD SOUS LA DIRECTION SCIENTIFIQUE DE FRANCK GODDIO

OSIRIS
LES MYSTÈRES ENGLOUTIS D'ÉGYPTE

ILLUSTRATIONS RENAUD VIGOURT

De La Martinière
Jeunesse

PLONGEZ AU CŒUR DE LA FASCINANTE
CIVILISATION ÉGYPTIENNE

ENTREZ DANS L'UNIVERS MAGIQUE
DES FOUILLES SOUS-MARINES

LAISSEZ-VOUS INITIER AUX MYSTÈRES D'OSIRIS

Depuis 1997, l'archéologue Franck Goddio et son équipe ont organisé, avec la collaboration du ministère égyptien des Antiquités, des recherches et des fouilles sous-marines dans la baie d'Aboukir. Des objets fabuleux ont surgi des flots, retraçant l'histoire de deux cités englouties, Héracléion et Canope, et de ces rituels nommés « Mystères », que les Égyptiens y célébraient à la gloire de leur dieu Osiris.

En septembre 2015, l'Institut du monde arabe présente une exposition exceptionnelle, « Osiris, Mystères engloutis d'Égypte », qui retrace le déroulement de ces cérémonies religieuses.

Un parcours archéologique inédit nous transporte dans l'Égypte tardive, à la rencontre de trésors enfouis : les objets issus des fouilles sont accompagnés d'une quarantaine de pièces prêtées par les musées du Caire et d'Alexandrie, dont certaines sortent d'Égypte pour la première fois.

Parmi 290 objets, dans plus de 1000 m^2 d'exposition, le visiteur admire les vestiges des temples d'Héracléion et de Canope, se laisse initier aux Mystères d'Osiris à travers les objets du culte, et découvre l'un des mythes fondateurs de la civilisation égyptienne : la légende du dieu mort et ressuscité.

LE MYTHE D'OSIRIS

C'est l'un des grands mythes les plus célèbres de l'Antiquité égyptienne : l'histoire d'un dieu bon et aimé des hommes, de son meurtre sauvage par un frère trop envieux, et de sa renaissance.

LA LÉGENDE D'OSIRIS

En des temps très anciens, Osiris régnait sur les choses de ce monde. Il était dieu et roi, bon et juste, dévoué au peuple de l'Égypte.

Avant lui, les hommes ne connaissaient pas l'existence des dieux. Osiris leur apprit à les vénérer.

Avant lui, les hommes étaient comme des bêtes et souffraient de la faim. Osiris leur apprit à cueillir les fruits des arbres et à cultiver le sol.

Avant lui, les violents et les forts gouvernaient la Terre. Osiris leur apprit à respecter les lois.

Il mit ordre et harmonie dans l'univers. Avec l'aide de la déesse Isis, son épouse bien-aimée, il administra son royaume avec sagesse. Il ne craignait personne car tous l'aimaient. Tous à l'exception d'un seul, son frère Seth, qui était las de vivre dans son ombre et rêvait de le précipiter au bas de son trône.

Seth ne ressemblait en rien à son glorieux aîné : dieu de colère et de caprice, il régnait sur des régions arides et regrettait de ne pouvoir imposer sa puissance aux sujets d'Osiris.

On le disait brutal. On racontait qu'à sa naissance il avait déchiré le ventre de sa mère, la déesse Nout, d'un coup de pied rageur.

Mais il était aussi un être habile, rusé comme le renard – dont il avait les longues oreilles, le poil roux et le museau effilé.

Avec l'aide de soixante-douze complices, il fomenta un complot : il fit prendre dans le plus grand secret les mesures de son frère et construisit un coffre à sa taille. Puis, un soir de banquet divin, comme Osiris se trouvait parmi les convives, il fit porter ce coffre devant l'assemblée. L'objet était magnifiquement orné. Pierres et dorures éblouirent les invités, qui s'extasièrent devant une telle merveille et demandèrent quel en était l'heureux propriétaire. « C'est moi, répondit Seth avec un sourire féroce, mais je promets de l'offrir à celui d'entre vous qui le remplira parfaitement. »

Tour à tour, les dieux se couchèrent dans le coffre. Les uns dépassaient d'une tête, les autres y tombaient comme au fond d'une fosse, aucun n'était taillé à la mesure du réceptacle. Alors Osiris s'avança. Il s'étendit lentement : de la courbe du crâne jusqu'à la plante des pieds, tout son corps épousa le bois précieux. À cet instant, les complices de Seth surgirent et refermèrent sur son front le couvercle du coffre, qui fut ensuite scellé avec des clous et du plomb fondu, puis jeté dans le fleuve.

Prisonnier de son cercueil, le dieu dériva longtemps sur les eaux silencieuses, et la nouvelle de sa mort sema partout les cris et les larmes. Elle parvint bientôt aux oreilles d'Isis, qui en fut bouleversée. Osiris n'était pas seulement son époux mais aussi son frère, et ces deux-là s'adoraient déjà dans le ventre de leur mère. Comment survivre à son trépas ? La déesse ne songeait plus qu'à une chose : retrouver le corps du défunt. Partout où elle allait, elle implorait qu'on la renseigne, en vain. Nul ne savait où était le dieu mort.

Mais un jour, il y eut cette rumeur étrange : des gens racontaient qu'à Byblos, une ville de Phénicie qui se trouvait en bord de mer, un buisson avait connu une croissance si soudaine et prodigieuse que le roi de ce pays en avait réclamé la tige pour orner son palais. Alors que ses serviteurs s'apprêtaient à couper la plante, ils avaient découvert, au creux de ses branches, un coffre déposé par les flots. Un coffre magnifique…

Isis se rendit à Byblos. Là-bas, elle obtint du roi qu'il lui rende le cercueil de son époux et quitta la ville en emportant son funeste fardeau. Lorsqu'elle fut seule, elle l'ouvrit avec ferveur et baigna de ses sanglots le beau visage du noyé. Comme elle craignait de se le voir ravir à nouveau, elle referma le coffre et le dissimula dans des marais impénétrables.

Hélas, Seth rôdait toujours et un mauvais hasard le conduisit jusqu'à la cachette de son frère. Par une nuit de chasse, alors qu'il guettait le gibier dans les brumes marécageuses, une forme brillante attira son regard. Il s'approcha, découvrit le fameux coffre et ne put contenir sa colère : se jetant sur Osiris, il le démembra en quatorze morceaux, qu'il dispersa dans l'obscurité.

À son retour, Isis éplorée trouva le coffre vide. Elle dut parcourir les marais dans une barque de papyrus pour repêcher, un à un, les restes de son époux. Avec l'aide de sa sœur Nephthys, elle rassembla ses os, regroupa ses chairs, rattacha ses membres.

Mais Osiris ne se redressa pas.

Elle fit apparaître deux yeux dans ses orbites vides.

Mais Osiris demeura inerte.

Elle supplia : « Viens à moi ! Viens à moi, mon maître ! »

Osiris n'eut pas un mouvement vers elle.

Soudain, comme elle pleurait la tête entre les mains, ses pupilles devinrent jaunes, sa bouche s'allongea pour se muer en bec et tout son corps se para de plumes noires. Ses bras se déployèrent en deux ailes immenses, qui battirent dans le silence en répandant sur le défunt une brise légère et vivifiante.

Alors le dieu s'éveilla. La couleur vint à ses joues, ses doigts frémirent. Il se redressa lentement et vit un superbe milan posé sur lui, qui l'observait en silence. Il reconnut Isis, son épouse bien-aimée, celle qui l'avait fait renaître, et la féconda.

La légende dit qu'il partit peu après, car il avait renoncé au royaume terrestre. Osiris, le dieu tué puis ressuscité, ne devait plus régner sur Terre mais dans l'au-delà, où finit la mort et où commence la vie éternelle.

En quittant Isis, il lui laissait un fils : Horus, futur Pharaon, prêt à combattre l'ennemi Seth et à reprendre le trône d'Égypte…

LES MYSTÈRES D'OSIRIS

Chaque année, en Égypte, le mythe d'Osiris était commémoré. Les prêtres le revivaient alors, au nom de Pharaon, du meurtre à la renaissance du dieu. Dans les villes englouties d'Héracléion et de Canope, on a retrouvé de multiples vestiges de ces cérémonies initiatiques.

ENTRE 1997 ET 2001, L'ARCHÉOLOGUE FRANÇAIS FRANCK GODDIO ET SON ÉQUIPE LOCALISÈRENT DANS LA BAIE D'ABOUKIR, EN ÉGYPTE, LES RUINES ENGLOUTIES DES VILLES D'HÉRACLÉION ET DE CANOPE.

CES DÉCOUVERTES MARQUÈRENT LE DÉBUT D'UNE SÉRIE DE FOUILLES SOUS-MARINES, QUI RÉVÉLÈRENT LES VESTIGES FABULEUX DE DEUX CITÉS ANTIQUES.

AVANT LA FONDATION D'ALEXANDRIE (EN 331 AV. J.-C.), LE PORT D'HÉRACLÉION ÉTAIT UN POINT D'ENTRÉE OBLIGATOIRE POUR LES VAISSEAUX PROVENANT DU MONDE GREC. CETTE SITUATION

Ptolémée Soter, qui était l'un des généraux et amis d'enfance d'Alexandre le Grand, mena avec lui de nombreuses campagnes victorieuses. À la mort de ce dernier, en –323, il fut nommé gouverneur d'Égypte (ou « satrape »). Ce n'est qu'en –305 qu'il se fit proclamer roi, fondant ainsi la dynastie ptolémaïque, qui règnerait sur le pays jusqu'en –30 et s'éteindrait après le suicide de son ultime représentante, la célèbre reine Cléopâtre. Ptolémée fut un grand constructeur et laissa à son fils, deuxième du nom, un État florissant.

GÉOGRAPHIQUE EN FAISAIT UN LIEU INCONTOURNABLE. SOUS LES LAGIDES, IL DEMEURA IMPORTANT CAR IL CONSERVAIT EN SON SEIN LE TEMPLE DE LA CONTINUITÉ DYNASTIQUE D'AMON GÉREB.

Héracléion, dont le port contrôlait tous les échanges de l'Égypte avec le monde grec, était une ville d'une grande richesse. En son centre se dressait le temple d'Amon Géreb, où les pharaons venaient se faire sacrer, et qui bénéficiait pour cette raison des largesses royales. Entre les donations des monarques égyptiens et celles des souverains étrangers, ses richesses devaient être considérables. On a d'ailleurs retrouvé sur le site d'Héracléion d'innombrables objets précieux – pendentifs, bagues et toutes sortes de bijoux en or.

HÉRACLÉION ÉTAIT UNE CITÉ COSMOPOLITE QUI ATTIRAIT LES VOYAGEURS ET COMMERÇANTS ÉTRANGERS. CERTAINS DES VESTIGES RETROUVÉS DANS

L'influence des Grecs se faisait sentir dans la ville portuaire, et l'on en retrouve la trace dans certains objets issus des fouilles. Le brûle-parfum ci-contre, qui servait de support à une coupe d'encens, représente une sphinge. Ses yeux sont en amande, ses courbes voluptueuses, son sourire sensuel. Cette chimère à tête de femme et corps de lion n'a rien à voir avec les sphinx égyptiens traditionnels (cf. p. 28). Elle est certainement l'œuvre d'un sculpteur grec.

Sur cette coupe, on voit un griffon, mi-lion mi-aigle, déployer ses ailes. Il s'agit là d'un décor de type perse, qui rappelle la domination exercée par ce peuple sur l'Égypte pendant près de deux siècles.
Les Achéménides conquirent le pays en – 525 et en furent chassés en – 331 par l'empereur macédonien Alexandre le Grand. Ils ne devaient plus jamais y revenir.

SES RUINES TÉMOIGNENT EN EFFET DE SA GRANDE DIVERSITÉ CULTURELLE ET DE LA DIVERSITÉ RELIGIEUSE DE SES HABITANTS.

On ne peut dire avec certitude quel est le dieu figuré par cette statuette. Peut-être s'agit-il de Baâl, une divinité honorée chez les Phéniciens et les Chypriotes qui faisaient régulièrement des escales commerciales à Héracléion. Les Égyptiens étaient très tolérants à l'égard des autres religions, et si les étrangers de passage pouvaient faire une offrande à leurs dieux dans les sanctuaires locaux, certains étaient même autorisés à ériger leurs propres temples.

Héracléion demeurait cependant la ville d'Osiris, dont on célébrait chaque année la résurrection symbolique, au cours de la cérémonie des Mystères. Les égyptologues eurent connaissance de ces festivités bien avant les fouilles menées sur le site d'Héracléion. En 1881, G. Maspéro découvrit à Kôm el-Hisn, près de l'ancienne branche canopique du Nil, la stèle dite « du décret de Canope », qui évoquait les Mystères et leur déroulement annuel dans le temple d'Amon Géreb.

LE SANCTUAIRE D'AMON GEREB SE DRESSAIT AU CENTRE DE LA VILLE ET ACCUEILLAIT CHAQUE ANNÉE LA CÉRÉMONIE DES MYSTÈRES D'OSIRIS. CE TEMPLE ÉTAIT CÉLÈBRE DANS TOUTE L'ÉGYPTE.

Certaines divinités égyptiennes avaient leur équivalent dans le panthéon grec : le dieu Amon, par exemple, était assimilé à Zeus. Traditionnellement, il était symbolisé par un puissant bélier. C'est pourquoi Alexandre le Grand, qui se considérait comme son fils, se faisait représenter avec deux cornes sur les pièces de monnaie. Après sa mort, les Ptolémées reprirent à leur compte cette légende, prétendant à leur tour qu'Amon était leur ancêtre.

Amon avait un fils, Khonsou, dont le culte se développa au Ier millénaire av. J.-C. Son homologue grec était bien sûr le fils de Zeus, Héraclès. Ce dernier devint si populaire en Égypte qu'il donna son nom à la ville de Thônis, devenue par la suite « Héracléion ». Le récit de ses douze Travaux influença également les représentations du dieu Khonsou : le jeune homme apparaissait sous les traits d'un guerrier armé d'un arc, d'une massue, et portant à l'épaule, tel un trophée, la peau du lion de Némée.

LES PHARAONS DES DERNIÈRES DYNASTIES INDIGÈNES ET PTOLÉMAÏQUES VENAIENT Y RECEVOIR DES MAINS DU DIEU AMON L'INVENTAIRE DU MONDE.

Les Égyptiens abritaient les statues de leurs divinités dans de petites loges au cœur des temples : les naos. Pièce en granite rose haute de près de deux mètres, le naos d'Amon Géreb permettait d'accueillir le dieu du même nom. Seule une personne y avait théoriquement accès : le pharaon, représenté par le prêtre du temple. En tant que dieu suprême, c'était en effet Amon-Zeus qui conférait au nouveau souverain ses pouvoirs sur l'univers.

En découvrant le naos d'Amon, les archéologues sous-marins ont compris qu'ils avaient retrouvé Héracléion. Mais c'est en remontant à la surface une stèle de granite noir qu'ils ont pu résoudre le mystère de Thônis, cité énigmatique évoquée dans les textes antiques. Les hiéroglyphes figurant sur la stèle ordonnent en effet qu'elle soit érigée « à Thônis ». Héracléion et Thônis désignent donc la même ville, tantôt sous son nom grec, tantôt sous son nom égyptien.

LES FIDÈLES N'ÉTAIENT PAS ADMIS DANS LE SAINT DES SAINTS, ET TOUT CE QUI S'Y DÉROULAIT LEUR DEMEURAIT OBSCUR. SEULS LES PRÊTRES PÉNÉTRAIENT AU COEUR DU TEMPLE D'AMON GÉREB

2

3

1

Isis désirait que son époux défunt soit vénéré dans l'Égypte entière. Pour le protéger des attaques de Seth, elle se servit des quatorze morceaux de sa dépouille pour modeler quatorze figurines sacrées, qu'elle offrit au prêtre de chaque région. Ces derniers eurent l'immense honneur d'accueillir le dieu dans leur temple, à la condition de ne trahir le secret à personne.
Cette légende justifie le rapport complexe, mélange de crainte et d'affection, que les serviteurs d'Osiris entretenaient avec leur dieu.

À cet égard, la statue découverte dans le port d'Alexandrie est plus éloquente qu'un long discours **(2)**. L'homme que nous voyons est un prêtre d'Isis, mais il tient dans ses mains un vase contenant les humeurs d'Osiris. Ses doigts sont recouverts d'un voile en signe de respect pieux. Cependant, sa tête est légèrement penchée vers la tête du dieu, son visage est serein : il semble éprouver pour lui une immense tendresse.

POUR Y CÉLÉBRER LES MYSTÈRES D'OSIRIS. ILS ÉTAIENT TENUS AU SECRET, SOUS PEINE DE CONDAMNATION.

4

5

6

Le sanctuaire d'Amon Géreb entretenait avec le pouvoir royal des liens étroits, et l'on y dressait les statues majestueuses des souverains égyptiens. Pharaon était reconnaissable à sa coiffe caractéristique, ainsi qu'à son pagne royal à trois pans **(4)** ; la reine était figurée en Isis et portait, tout comme la déesse, une couronne représentant un disque solaire encerclé par deux cornes de vache **(5)**. Une troisième statue venait compléter la triade : c'était l'immense dieu Hâpy, avec ses étranges mamelles **(6)**. Il était assimilé au Nil et à sa crue, et plus largement à Osiris, le dieu de la fécondité.

Il est difficile, aujourd'hui, de se représenter ce que fut le sanctuaire, mais on peut imaginer que des sphinx en protégeaient l'entrée, comme dans le temple d'Isis à Alexandrie **(1 et 3)**. Aucun intrus, en effet, n'était autorisé à fouler le sol sacré du temple. Les Mystères s'y déroulaient dans le plus grand secret, inaccessibles au commun des mortels.

« Le maître du silence », « Celui dont on ne doit pas prononcer le nom », ainsi les fidèles avaient-ils l'habitude de désigner Osiris. Cette réserve tenait à la nature même de la croyance égyptienne, qui prêtait au verbe, à la parole, un pouvoir créateur : désigner le dieu, raconter sa mort et sa mutilation, c'était prendre le risque de les voir se reproduire.

Chaque année, le rituel des Mystères se déroulait donc à l'abri des curieux, sous le seul regard des prêtres. On reconnaissait ces derniers à leur crâne rasé et à ce front scarifié qui les distinguait des profanes (ci-contre). Jamais ils ne laissaient filtrer la moindre information sur la vie du temple, et lorsque venait le temps d'abandonner le service religieux, ils n'enseignaient leur science qu'au plus compétent de leurs fils. Le secret des rituels divins était conservé jalousement au sein d'une même famille et demeurait ainsi, de génération en génération, à la portée d'un cercle restreint d'initiés.

LA PREMIÈRE ÉTAPE DES MYSTÈRES CONSISTAIT EN LA FABRICATION D'UNE MOMIE D'OSIRIS, BAPTISÉE OSIRIS VÉGÉTANT. CETTE OPÉRATION

4

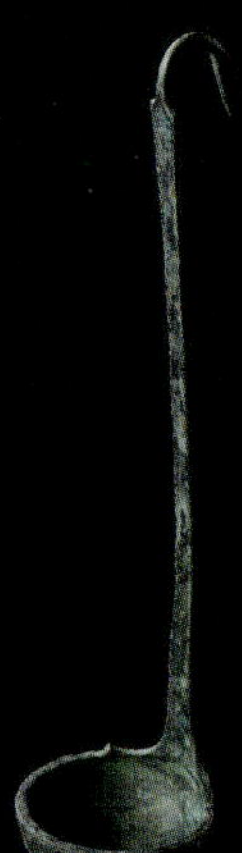

1

2

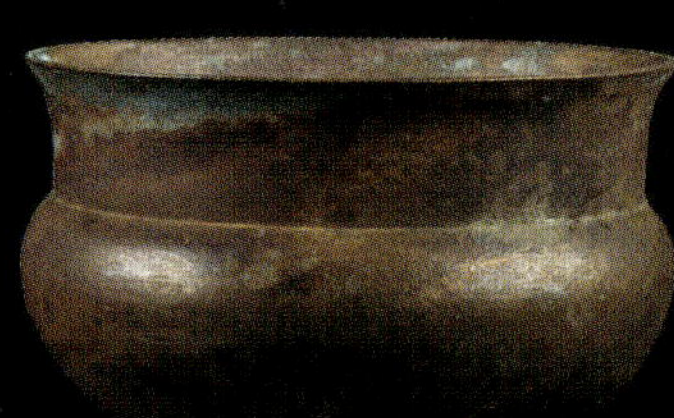

3

Les Mystères commençaient au 12 du mois de Khoiak (octobre-novembre), avec l'élaboration d'une première statuette d'Osiris. Le rituel se déroulait probablement au milieu des fumigations, comme en témoigne ce fragment d'encensoir **(2).** À l'aide de louches, les *simpula* **(1)**, de bols et de pinces **(3 et 4)**, le prêtre du temple remplissait d'eau, d'orge et de limon deux demi-moules en or, sur lesquels étaient gravées des prières et des formules magiques. Le limon, mélange de débris organiques déposé au fond des fleuves et facile à pétrir en boule, provenait du Nil ; l'eau également. Quant à l'orge, elle avait été cultivée dans un champ sacré, au son des prières.

SE DÉROULAIT SELON DES RÈGLES STRICTES, AU SON DES PRIÈRES, ET PRÉFIGURAIT LA RÉSURRECTION DU DIEU.

Lorsque les demi-moules étaient remplis de matière, on les disposait au fond d'une cuve en granite rose, la cuve jardin. Onze jours durant, les deux morceaux d'Osiris reposaient là et le prêtre les arrosait régulièrement à l'aide d'un récipient appelé situle (qui pouvait ressembler au modèle ci-contre). Enfin, le 21 Khoiak, l'orge rituelle germait et symbolisait la future renaissance du dieu défunt.

C'est alors qu'on tirait Osiris de sa cuve. Ses deux moitiés étaient assemblées, collées ensemble et liées par quatre cordelettes de papyrus. La statuette obtenue était mise à sécher au soleil, puis rapportée dans le secret du temple, et momifiée. On l'appelait Osiris végétant (du latin *vegetus*, « vigoureux »), car elle était désormais habitée par l'esprit du dieu, et donc considérée comme vivante.

« TE VOILÀ RECONSTITUÉ,
OSIRIS QUE VOICI !
TU AS REÇU TA TÊTE.
TES OS ONT ÉTÉ
RECUEILLIS POUR TOI,
TES MEMBRES ONT ÉTÉ
RAMASSÉS, LA TERRE A ÉTÉ
EXTRAITE DE TA CHAIR. »

TEXTES DES PYRAMIDES, § 624-625 ;
TRAD. GUILHOU 1998, 21.

LORSQUE L'EFFIGIE ÉTAIT ACHEVÉE, ON LA PLAÇAIT DANS UNE BARQUE, TANDIS QU'UNE PROCESSION FUNÈBRE DE PRÊTRES ET DE PLEUREUSES

Dans la région canopique, le 22 Khoiak, une procession de 34 barques (à gauche) s'élançait sur la voie d'eau jouxtant le sanctuaire d'Amon Géreb. À la huitième heure du jour, cette flotille d'esquifs longs d'une coudée et deux palmes (67,5 cm) transportait les statuettes des dieux Horus, Anubis, Isis et sa sœur Nephthys.
Illuminé de 365 lampes à huile (à droite), dont chacune symbolisait un jour de l'année, le prestigieux cortège accompagnait la statuette d'Osiris végétant dans sa navigation le long du canal sacré. Le passage du dieu sur les eaux marquait son entrée dans le monde des défunts. Il était un moment nécessaire pour sa résurrection.

L'ACCOMPAGNAIT SUR LE CANAL QUI ENTOURAIT LE TEMPLE.

Le cortège était suivi de serviteurs chargés d'offrandes et de porteurs d'enseignes. Les prêtres mimaient certains épisodes du drame d'Osiris, d'autres récitaient les litanies funèbres en agitant des sistres et des clochettes. Le crâne rasé et coiffé d'une perruque, deux pleureuses jouaient respectivement les rôles d'Isis et de Nephthys. Dans de grands élans d'affliction, elles coupaient leurs faux cheveux et appelaient à la renaissance du défunt.

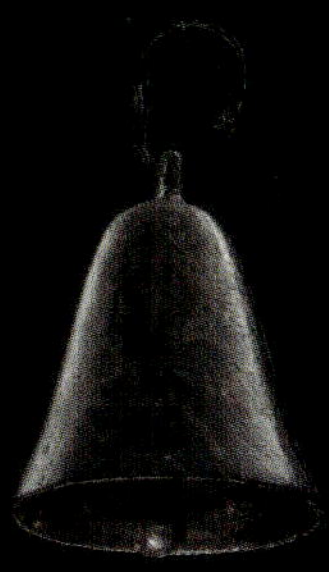

AU MÊME MOMENT, LES PRÊTRES FABRIQUAIENT UNE SECONDE STATUETTE D'OSIRIS AVEC UN MÉLANGE D'AROMATES ET DE PIERRES PRÉCIEUSES

Entre-temps, d'autres rituels avaient eu lieu. Les prêtres du temple s'étaient attelés, dès le 14 Khoiak, à la création d'une seconde statuette baptisée Osiris Sokaris, et dont les composants n'étaient pas les mêmes que ceux de l'Osiris végétant : on utilisait cette fois des aromates (datte, myrrhe, menthe, genévrier...) et des minéraux précieux comme l'or, la cornaline, l'ambre et l'améthyste. Les pierres étaient probablement écrasées dans un mortier, à l'aide d'un pilon, puis mélangées aux aromates dans un bol en argent. Tous ces ingrédients étaient contenus dans quatorze vases en or, en argent et en bronze, un nombre hautement significatif puisqu'il symbolisait les quatorze fragments du cadavre d'Osiris.

PILÉES. L'EAU SACRÉE DU NIL SERVAIT À ARROSER LE SIMULACRE DU DIEU ET À FAVORISER SA RÉGÉNÉRATION.

On arrosait la matière obtenue avec l'eau sacrée du Nil et on utilisait pour cela une louche poétiquement dénommée « La Grande Réunisseuse ». Un exemplaire a d'ailleurs été retrouvé à Héracléion. L'instrument, on le voit ci-contre, est gravé de l'œil *Oudjat* (ou œil d'Horus), un symbole protecteur très populaire en Égypte (cf. p. 50).

Le mélange final, pétri sous forme d'œuf, était introduit dans un vase d'argent que l'on plaçait sur les genoux d'une statue à l'effigie de Nout, la mère d'Osiris. C'était là une manière de rendre le dieu au ventre maternel.
À la fin du rituel, le prêtre retirait l'œuf du vase et le séparait en deux morceaux identiques, dont chacun reposait pendant plusieurs jours dans un demi-moule à l'effigie d'Osiris.
Enfin, le 19 Khoiak, les deux parties du dieu étaient assemblées et le simulacre obtenu mis à sécher au soleil. Un vase à libation en or (ci-contre) servait toutefois à l'enduire d'eau sacrée.

Au cœur du sanctuaire se trouvait un tombeau dit « supérieur », où reposaient les deux simulacres fabriqués lors des précédents Mystères. Il fallait chaque année remplacer les anciennes statuettes par les nouvelles, qui étaient chargées de la vitalité nécessaire aux douze mois à venir.
Cette délicate opération constituait probablement l'étape la plus dangereuse du rituel : pendant les quelques secondes où le tabernacle était vide et où les quatre momies du dieu gisaient à l'air libre, sans défense, l'Égypte se trouvait exposée à toutes les menaces. Pour conjurer les forces du mal, l'un des officiants pratiquait donc, le temps de l'échange des figurines, des rituels d'exécration des ennemis d'Osiris, tandis que le boucher du temple abattait des animaux de sacrifice.
Toutes ces précautions dressent un portrait paradoxal d'Osiris, faisant de lui un être fort et fragile, qui devait être continuellement protégé. Il se murmurait par exemple que l'eau de la voie d'eau entourant le sanctuaire d'Amon Géreb, riche en substance divine, permettait dans certains rituels de magie noire de prendre possession de l'esprit d'autrui en s'immisçant dans ses rêves. Tombés entre de mauvaises mains, les extraordinaires pouvoirs d'Osiris pourraient bien se révéler dévastateurs…

Isis était également considérée comme une immense déesse, à la puissance créatrice illimitée : à en croire la légende, c'est par la grâce de sa magie qu'Osiris défunt revenait à la vie.
À l'inverse de Seth, symbole de fureur et de méchanceté, Isis et Osiris représentaient le couple divin par excellence, souverain et redresseur de torts, incorruptible et équitable. Dans un monde de tumultes et de violences, leur présence invisible rassurait les croyants. La résurrection d'Osiris reflétait par ailleurs les préoccupations des hommes et leur donnait des espoirs de renaissance *post mortem*. L'historien grec Hérodote constate que les Égyptiens du Ier millénaire av. J.-C. n'honoraient pas tous les mêmes dieux, mais qu'Isis et Osiris étaient vénérés dans tout le pays, y compris par les étrangers. Ainsi les Mystères du mois de Khoiak avaient lieu dans de nombreuses villes, et si Héracléion leur donnait un tour particulièrement fastueux, elle n'en avait pas le monopole : chaque année, Osiris renaissait dans l'Égypte entière.

LA CÉLÉBRATION DES MYSTÈRES FAISAIT DIRECTEMENT ÉCHO AU MYTHE D'OSIRIS : ELLE METTAIT EN SCÈNE LA RENAISSANCE SYMBOLIQUE DU DIEU QUI S'ÉVEILLAIT POUR FÉCONDER SON ÉPOUSE ET ENGENDRER UN FILS,

La légende disait qu'Isis, métamorphosée en oiseau, se posait sur le cadavre recomposé de son époux, qui reprenait vie et la fécondait.
Par sa capacité à surmonter la mort, Osiris symbolisait la renaissance du monde. Il représentait la végétation qui se fane à l'hiver et verdit au printemps ; il représentait la crue du Nil qui se déverse sur les terres à l'été et les fertilise. Sans lui, pas de récolte. Sa résurrection était essentielle à la survie de l'Égypte. Voilà pourquoi on la célébrait avec tant de ferveur.

De l'union posthume entre Isis et son défunt époux naissait le petit Harpocrate (« Horus l'enfant »). Longtemps, sa mère allait devoir le défendre contre les attaques de Seth, qui voyait dans cet être pourtant malingre une menace pour son trône.
Parce qu'elle figurait la mère nourricière (ci-contre), protectrice d'une humanité souffrante, Isis était très aimée en Égypte et possédait ses propres temples.

HORUS. CETTE RÉSURRECTION FAISAIT DE LUI LE SYMBOLE ÉTERNEL DE LA FERTILITÉ.

Quand son époux s'en était allé dans l'au-delà, Isis lui avait promis de faire monter Harpocrate sur le trône d'Égypte. Alors qu'il n'était qu'un nourrisson, elle l'avait caché dans les marais du Delta. En ces lieux hostiles, Harpocrate était confronté à de multiples dangers. Il fut mordu par un serpent et piqué par un scorpion. Mais plus le temps passait, plus il se fortifiait, plus il gagnait en courage et en puissance.

Cette stèle montre Horus enfant. Debout sur deux crocodiles il tient entre ses mains des serpents et des scorpions. Son corps est musclé, il n'est plus la frêle créature d'autrefois. Dans l'Égypte des Ptolémées, les stèles d'Harpocrate étaient considérées comme magiques. Un bassin creusé dans leur socle permettait de recueillir l'eau dont on les aspergeait. Ce sont les formules magiques et le contact avec l'image du dieu qui donnaient à l'eau des vertus guérisseuses.

« OSIRIS S'ÉVEILLE DU SOMMEIL (...). IL PARCOURT LE MONDE INFERNAL (...) IL PREND PLACE DANS LE CIEL EN TANT QUE LUNE CROISSANTE (...).

IL S'ENVOLE VERS L'HORIZON EN TANT QUE PHÉNIX ET LUNE. »
TEMPLE DE DENDARA X, 376 ; TRAD. CAUVILLE 1997, 203.

À LA FIN DU MOIS DE KHOIAK, LES STATUETTES EXHUMÉES DU TOMBEAU SUPÉRIEUR QUITTAIENT HÉRACLÉION ET GAGNAIENT LEUR SÉPULTURE DÉFINITIVE DANS LA VILLE DE CANOPE, À 3,5 KILOMÈTRES DE LÀ.

Après la préparation des deux statuettes dans le plus grand secret des temples, Osiris quittait le sanctuaire au dernier jour de la cérémonie et naviguait sous le regard fervent des profanes rassemblés. Des offrandes lui étaient faites. Sur chaque côté du canal menant d'Héracléion à Canope, la découverte de plats à offrandes témoigne de ces pratiques.

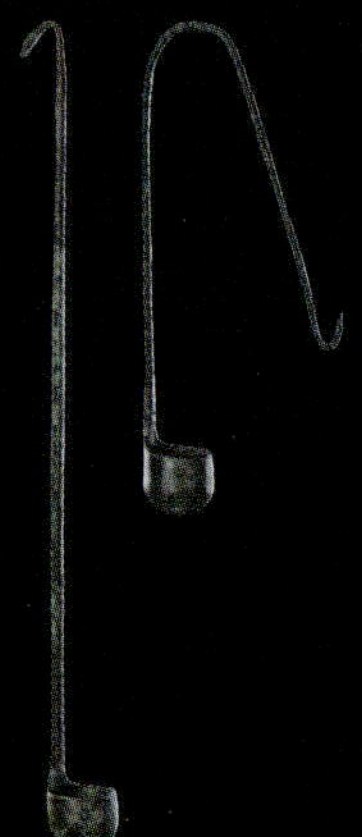

La centaine de *simpula* retrouvée dans le canal nous donne des indices sur les rituels qui avaient eu lieu pendant la navigation, répétée chaque année durant des siècles. Au sein du cortège d'Osiris devaient se trouver plusieurs prêtres, qui pratiquaient certainement des encensements et des fumigations avant de jeter leurs outils dans l'eau. Ils n'hésitaient pas à plier ou endommager leurs instruments sacrés, afin d'empêcher quiconque

CE VOYAGE DONNAIT LIEU À UNE GRANDE PROCESSION NAUTIQUE, QUI ATTIRAIT DES FOULES DE SPECTATEURS SUR LES BORDS DU CANAL RELIANT LES DEUX VILLES.

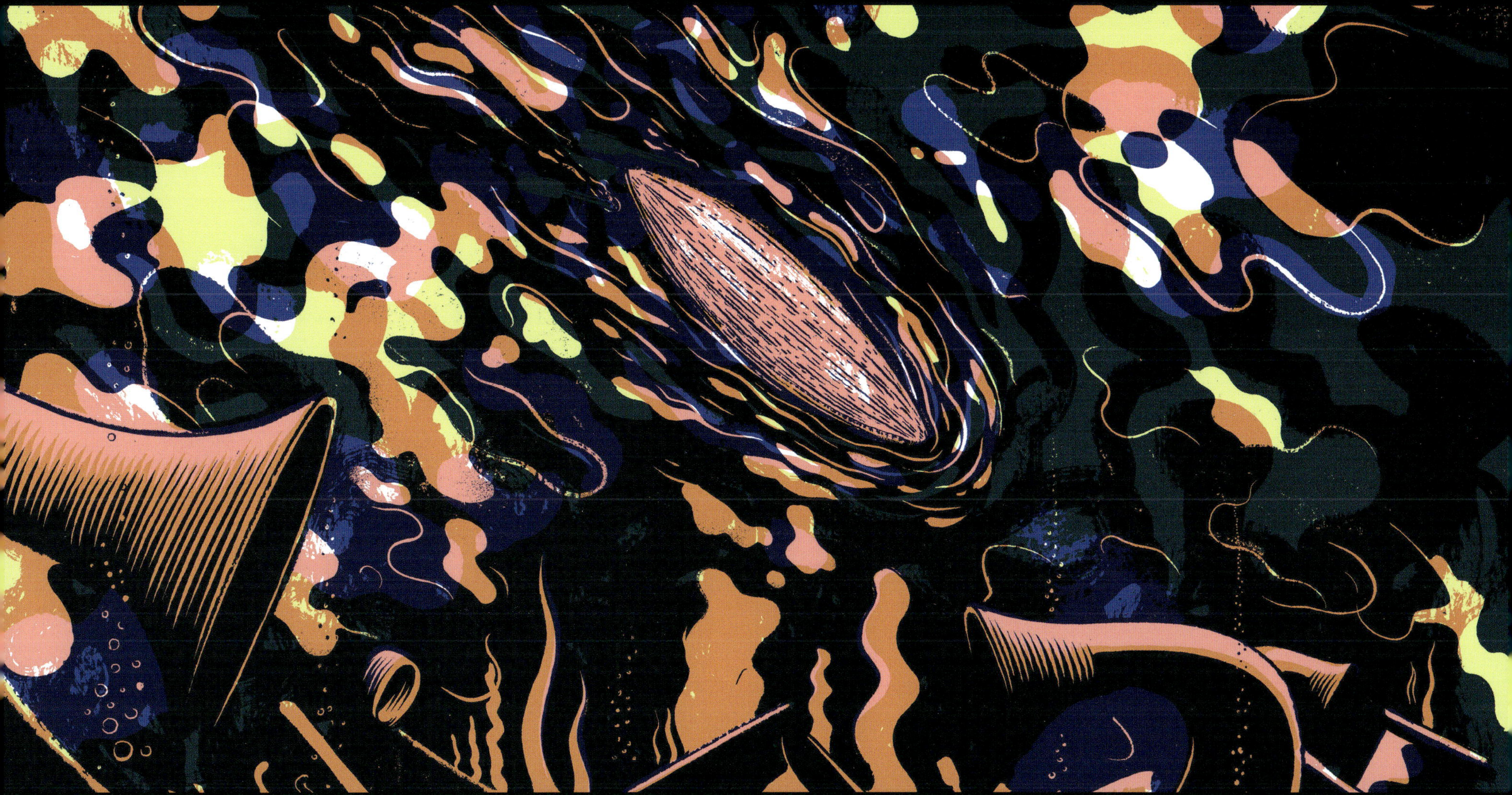

En tête de cortège, un grand étendard à l'effigie du dieu chacal Anubis surplombait la barque sacrée d'Osiris et lui ouvrait le chemin vers le royaume de l'au-delà. Ce rôle protecteur trouvait son fondement dans le mythe osirien lui-même : en pratiquant sur lui les gestes de la momification, en enveloppant de bandelettes son corps martyr, Anubis avait en effet joué un rôle essentiel dans la résurrection d'Osiris. Les croyances populaires faisaient de lui le dieu funéraire par excellence, patron des embaumeurs et protecteur des nécropoles. Il accompagnait les défunts lors de leur entrée dans l'autre monde et, sous sa forme de chacal, rôdait dans les cimetières pour veiller sur leur tombe.

Aucun texte ne décrit avec précision la barque qui transportait Osiris lors de son itinéraire symbolique du monde des vivants vers le royaume des défunts, mais plusieurs indices laissent à penser que l'épave de dix mètres de long retrouvée dans le canal unissant Héracléion

Sa forme, d'abord, n'évoque aucun des soixante autres esquifs découverts sur le site à l'issue des fouilles archéologiques. Autour d'elle, on a exhumé de nombreuses *simpula*, ces louches utilisées par les officiants au cours des Mystères. Enfin, l'embarcation a été

On l'associait à Nout, mère d'Osiris, et les fidèles le considéraient comme l'arbre de vie par excellence. Toute l'histoire d'Osiris étant affaire de mort et de renaissance, il n'y avait rien d'étonnant à ce qu'il soit présent dans les rituels.

SITUÉE QUELQUES KILOMÈTRES À L'OUEST D'HÉRACLÉION, LA CITÉ DE CANOPE ÉTAIT L'UN DES PLUS GRANDS CENTRES RELIGIEUX DE LA RÉGION. ON Y HONORAIT SÉRAPIS, UNE DIVINITÉ AUX POUVOIRS ORACULAIRES

Aucun des textes dont nous disposons ne décrit l'arrivée du cortège d'Osiris au grand temple de Canope, probablement représenté par l'amulette ci-contre. En réalité, on ignore ce qu'il advenait des statuettes du dieu une fois qu'il avait accompli son ultime voyage. Étaient-elles plongées dans les eaux canopiques ou bien enterrées dans une nécropole ? Personne, à ce jour, ne semble pouvoir éclairer le mystère qui entoure la dernière sépulture d'Osiris.

Le temple principal de Canope, dont les fouilles sous-marines ont mis au jour les ruines monumentales, portait le nom de *Sérapéum* (ou Sérapéion), en hommage à Sérapis. Ce dieu fut littéralement « créé » par Ptolémée Ier pour asseoir sa puissance en Égypte.
Il réunissait les caractères d'Osiris et Apis et ceux des dieux grecs Zeus, Hadès et Dionysos (cf. p. 26), comme en témoigne la tête de marbre ci-contre, très éloignée, on le voit, des représentations traditionnelles de dieux égyptiens.

ET GUÉRISSEURS, QUI REPRÉSENTAIT À LA FOIS OSIRIS, ZEUS, HADÈS ET DIONYSOS.

À Canope, Osiris était représenté sous la forme d'un étrange vase rebondi, l'Osiris-Hydreios. Ce récipient servait à accueillir l'eau de la crue du Nil, que la croyance populaire assimilait aux « humeurs » émanant du corps du dieu. Tandis que Seth, son frère ennemi, symbolisait la sécheresse et les régions arides, Osiris était le principe humide qui régissait l'univers.

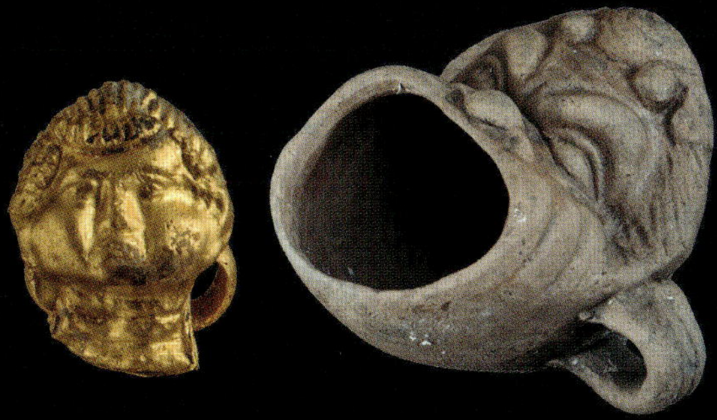

C'est ce même principe qui justifiait l'assimilation d'Osiris à Dionysos, seigneur du vin et dieu de la nature humide (ci-contre). D'ailleurs, quand les Grecs découvrirent qu'on célébrait à Canope les phallophories, des fêtes mettant en scène la puissance et la virilité d'Osiris, ils les identifièrent à leurs propres cérémonies dionysiaques. Les Romains condamneraient plus tard ces rassemblements orgiaques, répandant la rumeur tenace selon laquelle Canope était un lieu de débauche.

EN ÉGYPTE, RELIGION ET POUVOIR ÉTAIENT PROFONDÉMENT LIÉS. À L'ÉPOQUE PTOLÉMAÏQUE, CHAQUE SOUVERAIN LAGIDE SE CONSIDÉRAIT COMME LE REPRÉSENTANT LÉGITIME DU DIEU HORUS ET LE PRINCIPAL

Enfant, Horus devait à tout prix être protégé des attaques de Seth. C'est pourquoi sa mère l'obligeait à vivre dans les marais. Sous la forme d'un hippopotame, elle veillait sur lui nuit et jour, armée d'un couteau. Mais comme le petit souffrait de la solitude, elle s'efforçait de le divertir en faisant appel à Bès, un dieu nain aux bras longs, à la barbe hirsute et aux sourcils broussailleux, qui chantait, dansait, et égayait le silence de son rire retentissant.

Devenu adulte, Horus faucon put enfin se mesurer à son oncle. Lors d'un combat, Seth lui arracha un œil et le découpa en six morceaux, qu'il jeta dans le Nil. Le dieu Thot parvint à en repêcher cinq, qu'il assembla en remplaçant le morceau manquant par un fragment magique de sa confection. L'œil d'Horus (dit « œil *Oudjat* ») fut rendu célèbre par cet épisode. Les Égyptiens le portaient sous forme d'amulette, afin de se prémunir des maladies.

REMPART DU MONDE CONTRE LES FORCES DU MAL. LA CÉLÉBRATION DES MYSTÈRES AVAIT DONC UNE PORTÉE POLITIQUE.

Horus faucon finit par vaincre Seth et monta sur le trône de son père. Dans l'imaginaire égyptien, il représentait le roi sauveur qui rétablissait l'ordre cosmique, si bien que chaque souverain voulait se placer sous sa protection. À l'inverse de la statuette de gauche, où Pharaon avance seul, la sculpture de droite témoigne de ce lien intime : le roi, minuscule, se tient entre les pattes d'un Horus gigantesque, qui l'enveloppe. L'homme et le dieu, ici, semblent ne former qu'un.

Sur le Naos des décades, dont les ultimes fragments furent découverts en 1999 lors des fouilles sous-marines menées à Canope, on trouve de multiples inscriptions décrivant les attributs divins de Pharaon. Datant du règne de Nectanébo Ier (–380/–362), il présentait ce dernier comme le créateur du cosmos et le maître des astres. Cette mise en scène de la puissance royale était une manière pour le souverain d'affirmer son autorité sur ses sujets, et de se faire craindre.

« QUANT À CETTE CUISSE DE SETH, ELLE EST DANS LE CIEL DU NORD, ATTACHÉE À DEUX PIQUETS DE SILEX PAR UNE CHAÎNE EN OR. ELLE EST

Pendant une multitude de siècles, dans toute l'Égypte, toutes les nuits, sur les terrasses des temples, les guetteurs notaient et enregistraient la position des astres et des étoiles.
Sur le célèbre Zodiaque des chapelles de Dendara, découvert en 1799 et conservé au musée du Louvre, le ciel nocturne est conçu selon la légende d'Osiris, dont il met en scène les protagonistes principaux.

CONFIÉE À ISIS EN DISANT : "EMPÊCHEZ QU'ELLE N'AILLE DANS LE CIEL DU SUD VERS L'EAU DES DIEUX, ISSUE D'OSIRIS QUI EST DERRIÈRE ORION."
TOMBE DE RAMSÈS VI ; TRAD. PIANKOFF 1942, 24.

La constellation du Dragon sous la forme d'un hippopotame entre en opposition avec la Grande Ourse sethienne : elle s'efforce de retenir la jambe de Seth pour l'empêcher d'aller attaquer Osiris-Sirius et de perturber sa marche dans le ciel du Sud.
Cette représentation symbolique date de la fin de l'époque ptolémaïque et marque les premiers développements de l'astrologie égyptienne.
Elle met aussi l'accent sur le rôle fondamental d'Osiris dans le maintien de l'ordre cosmique.

À Memphis, un temple était dédié au taureau Apis (ci-dessous), avatar d'Osiris. On y élevait un taureau sacré, qui vivait dans une étable-sanctuaire où il était traité comme un dieu. Pour prétendre à un tel honneur, la bête devait arborer un pelage noir, car cette couleur était assimilée à la terre pure, humide et cultivée. La couleur rousse symbolisait en revanche le dieu Seth, dont la chevelure rouge évoquait la terre sèche des régions brûlées par le soleil.
Dans certaines villes d'Égypte, la cérémonie des Mystères d'Osiris comprenait donc le sacrifice d'un taureau roux. Le choix de la victime était rigoureusement codifié, et si la bête présentait le moindre poil noir ou clair, elle était déclarée impropre à l'holocauste.

OSIRIS PRENANT L'ALLURE D'UN GRAND TAUREAU NOIR, ISIS S'ATTAQUANT À SETH SOUS LES TRAITS D'UN HIPPOPOTAME… LES DIEUX ÉGYPTIENS SE PRÉSENTAIENT SOUS DE MULTIPLES FORMES, HUMAINE OU ANIMALE. IL LEUR ARRIVAIT MÊME DE SE CONFONDRE AVEC LES SOUVERAINS DU ROYAUME.

La déesse Thouéris, à laquelle Isis pouvait être assimilée, prenait la forme d'un hippopotame femelle arborant de longues mamelles, symboles de maternité. C'est elle qui protégeait Horus enfant et montait la garde dans les marais du Delta (cf. p 50).
On trouvait d'Isis des représentations tout aussi originales : à l'époque romaine, de nombreux sculpteurs lui donnèrent les traits d'un serpent (Thermoutis).

Isis fut également assimilée à certaines souveraines lagides. C'était là une manière, pour le pouvoir en place, de manifester sa nature divine. Poussant très loin l'identification au couple formé par Isis et Osiris, Ptolémée II Philadelphe (– 283/– 246) alla jusqu'à épouser sa propre sœur Arsinoé, qui fut divinisée après sa mort.
Découverte à Canope, la statue ci-contre représente la reine défunte sous les traits d'Isis-Aphrodite : étant donné l'endroit où elle fut retrouvée, il n'y a guère de doute que cette effigie royale devait s'élever dans l'un des sanctuaires de Canope – probablement celui dédié à Osiris-Sérapis – et faire l'objet d'un culte.

En se mariant avec sa sœur, Ptolémée II Philadelphe posa les bases d'une tradition royale qui devait perdurer tout le long de la dynastie lagide.
Ses descendantes se faisaient ainsi sculpter en Isis, comme en témoigne cette statue, qui représente probablement Cléopâtre II ou III.
On raconte également que la célèbre Cléopâtre VII, ultime descendante des Ptolémées, se présentait à son peuple comme « la Grande Mère des dieux ».
La légende dit qu'elle séduisit le général romain Antoine sous les traits divins d'Isis-Aphrodite ; et qu'en succombant à son charme, ce dernier devint un nouveau Dionysos.

« Ô ÉGYPTE ! Ô ÉGYPTE !
IL NE RESTERA DE TA PENSÉE
QUE DES MYTHES QUI
PARAÎTRONT INCROYABLES
À TES SUCCESSEURS, ET IL NE
RESTERA QUE DES MOTS
SUR LES PIERRES INSCRITES
DES RÉCITS DE TA CONSTANTE
ACTION. »

PSEUDO-APULÉE, *ASCLÉPIUS*, 24.

MAKING OF

Exhumer monuments, statues et objets rituels a nécessité l'intervention de nombreux experts. Un travail de fourmi qui a permis de reconstituer le cadre et le déroulement des Mystères d'Osiris à Thônis-Héracléion.

DÉGAGER, QUADRILLER, DESSINER, ÉTIQUETER

1

2

3

On ne s'élance pas au hasard des mers pour retrouver des vestiges du temps passé. La démarche archéologique commence par un travail d'étude des textes anciens, qui permet de déterminer une zone de prospection. Cette zone est alors prospectée systematiquement à l'aide de détecteurs.

Si des vestiges y sont localisés, les fouilles débutent : comme sur la terre ferme, les trésors sous-marins sont en effet recouverts d'une épaisse couche sédimentaire et les plongeurs doivent utiliser un aspirateur pour les faire apparaître **(1)**.

La zone de fouilles est ensuite découpée en carrés d'un mètre de côté **(2)**, ce « carroyage » permettant de noter la position de chaque vestige.

Tandis qu'un dessinateur reproduit les objets découverts **(3)**, un autre les photographie à l'aide d'un énorme appareil aux allures d'araignée (à droite).

MOULER

Certains blocs de pierre sont gravés de textes que les spécialistes souhaiteront déchiffrer au plus tôt. Pour gagner du temps, les plongeurs en fabriquent donc une empreinte, qu'ils remontent à la surface.

Ils utilisent pour cela une technique rapide et efficace, enduisant un tissu de silicone et l'appliquant sur le bloc de pierre préalablement nettoyé. Le tissu est ensuite recouvert de feuilles de plomb, que l'on martèle afin que le silicone épouse les inscriptions. On sangle le tout pour laisser la matière durcir. Au bout de dix-huit heures, on démoule. Le tissu se décolle lentement de la pierre. Il est littéralement tatoué par le texte.

RELEVER

Il faut ensuite « relever » les objets, c'est-à-dire les remonter à la surface. Les plus petits sont rangés dans des sacs et hissés dans des paniers. Pour les objets de taille moyenne, on utilise des filets. Les plus gros d'entre eux (comme la statue du dieu Nilus ci-dessous) sont sanglés et soulevés à l'aide d'une grue.

Ce n'est pas le bateau qui va aux vestiges mais les vestiges qui viennent à lui. Grâce à un parachute de levage

1

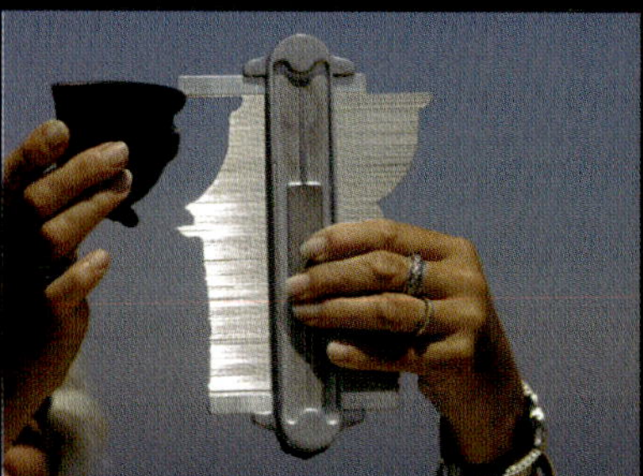

2

3

4

NETTOYER, INVENTORIER, RESTAURER, EXPOSER

5

À la surface, commence le nettoyage des objets. Il est essentiel de les désaliniser dans des bains d'eau douce **(4)** car les grains de sels emprisonnés dans la roche menacent de la faire éclater.

Plusieurs techniques sont mises en œuvre pour comprendre les objets découverts : les céramologues relèvent la forme et le décor des céramiques et en déduisent des éléments de datation **(2)** ; les restaurateurs nettoient au scalpel les statuettes de bronze **(3)** et tentent de reconstituer les céramiques brisées **(1)** ; les pièces métalliques, quant à elles, sont transportées au laboratoire et soumises à une électrolyse.

Une fois restaurés et étudiés, les vestiges peuvent être prêtés à des expositions, ce qui donne lieu a un transport spectaculaire **(5)**. Mais ils finiront par revenir à demeure, dans les musées égyptiens.

LISTE DES ŒUVRES

(dans l'ordre d'apparition dans l'ouvrage)

p. 18
Statuaire cultuelle d'Osiris-Onnophris sur lit léonin, s'unissant à Isis-oiselle
Diorite noire, L. 178 cm.
Probablement XIIIe dynastie, Abydos,
Musée égyptien du Caire (JE 32090).

p. 22
Monnaie
Or, Diam. 1 cm.
Ptolémée Ier (305-285), Thônis-Héracléion,
Musée gréco-romain d'Alexandrie (SCA 313) – fouilles IEASM.

p. 23
Boucle d'oreille
Or, Diam. 2,5 cm.
Époque ptolémaïque, IVe – Ier s. av. J.-C., Thônis-Héracléion,
Musée national d'Alexandrie (SCA 14372) – fouilles IEASM.

Boucle d'oreille
Or, H. 1,8 cm.
Époque ptolémaïque, IVe – Ier s. av. J.-C., Thônis-Héracléion,
Musée national d'Alexandrie (SCA 14174) – fouilles IEASM.

Pendentif
Or, L. 1,7 cm.
Basse Époque - époque ptolémaïque, VIIe – Ier s. av. J.-C.,
Thônis-Héracléion,
Musée national d'Alexandrie (SCA 1204) – fouilles IEASM.

p. 24
Brûle-parfum
Calcaire, H. 24,2 cm.
VIe s. av. J.-C.,Thônis-Héracléion,
Musée national d'Alexandrie (SCA 270) – fouilles IEASM.

Coupe plate présentant un décor animalier et floral
Plomb, Diam. 5 cm.
Basse Époque, VIIe – IVe s. av. J.-C., Thônis-Héracléion,
Musée maritime d'Alexandrie (SCA 907) – fouilles IEASM.

p. 25
Tête de statuette chypriote
Calcaire, H. 13,4 cm.
Ve s. av. J.-C., Thônis-Héracléion,
Musée maritime d'Alexandrie (SCA 1394) – fouilles IEASM.

Décret de Canope (œuvre non exposée)
Stèle trilingue (hiéroglyphique, démotique, grec) avec décret des prêtres réunis à Canope, en l'honneur du roi Ptolémée III Évergète, de sa femme et de sa fille
Calcaire, H. 202 cm.
238 av. J.-C., Kôm el-Hisn, Musée égyptien du Caire (CGC 22186).

p.26
Plaque aux béliers
Calcaire, L. 11,5 cm.
VIe s. av. J.-C., Thônis-Héracléion,
Musée maritime d'Alexandrie (SCA 1579) – fouilles IEASM.

Hémistatère de Chypre
Or, Diam. 1,37 cm.
IVe s. av. J.-C., Pumiyaton de Kition (c. 355-354), Thônis-Héracléion,
Musée national d'Alexandrie (SCA 287) – fouilles IEASM.

p. 27
Naos du temple d'Amon Géreb
Granite rose, H. 174 cm.
Époque ptolémaïque, IVe – Ier s. av. J.-C., Thônis-Héracléion,
Musée maritime d'Alexandrie (SCA 457) – fouilles IEASM.

Stèle de Thônis-Héracléion,
Granite noir, H. 195 cm.
XXXe dynastie, an I de Nectanébo (380), Thônis-Héracléion,
Musée National d'Alexandrie (SCA 277) - fouilles IEASM.

p. 28
1. **Sphinx**
Diorite, granite gris, L. 140 cm.
Ier s. av. J.-C., Port oriental d'Alexandrie,
Musée national d'Alexandrie (SCA 451) – fouilles IEASM.

2. **Prêtre portant un « Osiris-Canope »**
Granite noir, H. 122 cm.
Ier s. ap. J.-C., Port oriental d'Alexandrie,
Musée national d'Alexandrie (SCA 449) – fouilles IEASM.

3. **Sphinx**
Granite gris, L. 150 cm.
Ier s. av. J.-C., Port oriental d'Alexandrie,
Musée national d'Alexandrie (SCA 450) – fouilles IEASM.

p.29
4. **Colosse d'un roi Ptomélée**
Granite rose, H. 500 cm.
IVe – IIe s. av. J.-C., Thônis-Héracléion,
Musée maritime d'Alexandrie (SCA 279) – fouilles IEASM.

5. **Colosse d'une reine ptolémaïque**
Granite rose, H. 490 cm.
IVe – IIe s. av. J.-C., Thônis-Héracléion,
Musée maritime d'Alexandrie (SCA 280) – fouilles IEASM.

6. **Statue colossale du dieu Hâpy**
Granite rose, H. 540 cm.
IVe s. av. J.-C., Thônis-Héracléion,
Musée maritime d'Alexandrie (SCA 281) – fouilles IEASM.

Tête de prêtre
Granite noir, H. 21,8 cm.
Époque ptolémaïque, IVe – Ier s. av. J.-C., Port oriental d'Alexandrie,
Musée maritime d'Alexandrie (SCA 1398) – fouilles IEASM.

p. 30
1. **Louche**
Bronze, L. 26,5 cm.
VIe – IIe s. av. J.-C., Thônis-Héracléion,
Musée maritime d'Alexandrie (SCA 1064) – fouilles IEASM.

2. **Fragment d'encensoir**
Bronze, L. 4,3 cm.
Basse époque – époque ptolémaïque, Ve-IIe s. av. J.-C. , Thônis-Héracléion,
Musée maritime d'Alexandrie (SCA 1569) – fouilles IEASM.

3. **Bol**
Bronze, Diam. 15,5 cm.
Ve – IVe s. av. J.C., Thônis-Héracléion,
Musée maritime d'Alexandrie (SCA 1045) – fouilles IEASM.

4. **Pince**
Bronze, L. 45,9 cm. Époque ptolémaïque,
IVe – Ier s. av. J.-C., Thônis-Héracléion,
Musée maritime d'Alexandrie (SCA 943) – fouilles IEASM.

p. 31
Situle
Bronze, H. 7,2 cm.
IVe – IIe s. av. J.-C., Thônis-Héracléion,
Musée maritime d'Alexandrie (SCA 1025) – fouilles IEASM.

« Cuve-jardin »
Granite rose, L. 202 cm.
Époque ptolémaïque, IVe – Ier s. av. J.-C., Thônis-Héracléion,
Musée maritime d'Alexandrie (SCA 459) – fouilles IEASM.

p. 32
Simulacre d'« Osiris végétant » dans son sarcophage
Sycomore peint, terre et grains, L. 61,5 cm.
Troisième période intermédiaire, XXIIe-XXVe dynasties, c. VIIIe-VIIe s. av. J.-C, Tehneh el-Gebel, Musée égyptien du Caire (JE 36539).

p. 34
Barque votive avec trône
Plomb, L. 62 cm.
VIe – IIe s. av. J.-C., Thônis-Héracléion,
Musée maritime d'Alexandrie (SCA 1606, 1617) – fouilles IEASM.

Lampe à huile
Céramique, L. 7 cm.
Deuxième moitié du IIIe s. av. J.-C., Thônis-Héracléion,
Musée maritime d'Alexandrie (SCA 1587) – fouilles IEASM.

Lampe à huile
Céramique, L. 3,4 cm.
Deuxième moitié du IVe s. av. J.-C., Thônis-Héracléion,
Musée maritime d'Alexandrie (SCA 342) – fouilles IEASM.

Lampe à huile
Céramique, L. 7,5 cm.
Fin IVe – début IIIe s. av. J.-C., Thônis-Héracléion,
Musée maritime d'Alexandrie (SCA 1589) – fouilles IEASM.

p. 35
Sistre
Or, H. 16 cm.
Époque ptolémaïque, IVe – Ier s. av. J.-C., Provenance inconnue,
Musée égyptien du Caire (JE 67887).

Clochette
Bronze, H. 7,4 - 9,4 cm.
VIe – IIe s. av. J.-C., Thônis-Héracléion,
Musée maritime d'Alexandrie (SCA 1381) – fouilles IEASM.

p. 36
Mortier et pilon
Granite noir, H. 30 cm, L : 27 cm.
VIe – IIe s. av. J.-C., Thônis-Héracléion,
Musée maritime d'Alexandrie (SCA 367, SCA 269) – fouilles IEASM.

p. 37
Louche et œil *Oudjat* gravé sur son godet
Bronze, L. 50,4 cm.
IVe – IIe s. av. J.-C., Thônis-Héracléion,
Musée maritime d'Alexandrie (SCA 220) – fouilles IEASM.

Aiguière
Or, H. 20 cm.
XXIe dynastie, Aménémopé (c. 993-984 av. J.-C.,) Tanis, tombe de Psousennès Ier,
Musée égyptien du Caire (JE 86098).

p. 38
Statue d'Isis
Grauwacke, H. 90 cm.
XXVIe dynastie, Amasis (570-526), Saqqara,
Musée égyptien du Caire (CGC 38884).

p.39
Statue d'Osiris
Grauwacke, H. 89 cm.
XXVIe dynastie, Amasis (570-526), Saqqara,
Musée égyptien du Caire (CGC 38358).

p. 40
Statuaire cultuelle d'Osiris-Onnophris sur lit léonin, s'unissant à Isis-oiselle
Diorite noire, L. 178 cm.
Probablement XIIIe dynastie, Abydos,
Musée égyptien du Caire (JE 32090).

Statuette d'Isis *lactans*
Bronze, H. 15,5 cm.
Basse Époque – Époque ptolémaïque, VIIe - Ier s. av. J.-C., Thônis-Héracléion,
Musée maritime d'Alexandrie (SCA 1306) – fouilles IEASM.

p. 41
Statuette d'Harpocrate
Bronze, H. 18 cm
Basse Époque – Époque ptolémaïque, VIIe - Ier s. av. J.-C., Thônis-Héracléion,
Musée maritime d'Alexandrie (SCA 1268) – fouilles IEASM.

Stèle guérisseuse d'Horus
Schiste, calcaire, H. 61 cm.
Fin Basse Époque – début Époque ptolémaïque (c. 380-280), Tell el-Qalâh (Mît-Rahina),
Musée égyptien du Caire (JE 33264, CGC 9402.1 et 9402.2).

p. 42
Statuaire d'Osiris gainé, étendu sur le ventre
Gneiss, or, électrum, bronze, L. 55,5 cm.
XXVIe dynastie, Horbeit,
Musée égyptien du Caire (CGC 38424).

p. 44
Plats à offrandes
Granite noir ou quartzite, Diam. 28,5 - 46 cm.
VIe – IIe s. av. J.-C., Thônis-Héracléion
Musée maritime d'Alexandrie (SCA 364, 373, 374, 358) – fouilles IEASM.

Simpula
Bronze, L. 43,9-53,8 cm.
VIe – IIe s. av. J.-C., Thônis-Héracléion,
Musée maritime d'Alexandrie (SCA 1042, 1043) – fouilles IEASM.

p. 45
Emblème d'Anubis
Bronze, H : 18 cm.
Fin de la Basse Époque, IVe s. av. J.-C., Thônis-Héracléion
Musée maritime d'Alexandrie (SCA 975) – fouilles IEASM.

p. 46
Photo-mosaïque de l'épave 11,
datée du IVe s. av. J.-C.
découverte dans le canal jouxtant le temple d'Amon Géreb d'Héracléion.

p. 48
Amulette en forme de temple
Plomb, H. 1,1 cm.
Époque ptolémaïque, IVe – Ier s. av. J.-C., Canope,
Musée maritime d'Alexandrie (SCA 470) – fouilles IEASM.

Tête de Sérapis avec calathos
Marbre, H. 86 cm.
IIe s. av. J.-C., Canope,
Musée des antiquités de la Bibliotheca Alexandrina (SCA 169 et 206) – fouilles IEASM.

p. 49
Osiris-Canope
Marbre, H. 37,3 cm.
Ier – IIe ap. J.-C., Canope,
Musée des antiquités de la Bibliotheca Alexandrina (SCA 205) – fouilles IEASM.

Pendentif
Or, H. 1,12 cm.
Époque ptolémaïque, IVe – Ier s. av. J.-C., Thônis-Héracléion,
Musée gréco-romain d'Alexandrie (SCA 1122, GRM 32338) – fouilles IEASM.

Vase à boire à figure de grotesque
Céramique, L. 18 cm.
Fin Ier s. av. J.-C. – milieu Ier s. ap. J.-C., Port oriental d'Alexandrie,
Musée maritime d'Alexandrie (SCA 1601) – fouilles IEASM.

p. 50
Terre cuite de «Bès guerrier»
Céramique, H. 25 cm.
IIIe – IIe s. av. J.-C., Thônis-Héracléion,
Musée maritime d'Alexandrie (SCA 1586) – fouilles IEASM.

Pendentif
Or, H. 1,12 cm.
Époque ptolémaïque, IVe – Ier s. av. J.-C., Thônis-Héracléion,
Musée gréco-romain d'Alexandrie (SCA 1122, GRM 32338) – fouilles IEASM.

p. 51
Statuette de pharaon
Bronze, H. 20,5 cm.
XXVIe-XXIXe dynasties, Thônis-Héracléion,
Musée maritime d'Alexandrie (SCA 1305) – fouilles IEASM.

Faucon protégeant un roi
Quartzite, H. 55 cm.
XXXe dynastie, Nectanébo II (359-341), Provenance inconnue,
Musée égyptien du Caire (JE 33262).

Naos des Décades
Basalte, H. 130 cm.
XXXe dynastie, Nectanébo Ier (380-343), Canope,
Musée gréco-romain d'Alexandrie (SCA 161-164) – fouilles IEASM et pyramidion conservé au Musée du Louvre (D 37).

p. 54
Taureau Apis
Basalte, L. 227 cm.
Époque romaine, Hadrien (117-138), Alexandrie,
Musée gréco-romain d'Alexandrie (GRM 351).

p. 55
Statue de Thouéris
Grauwacke, H. 96 cm.
XXVIe dynastie, Psammétique Ier (664-610),
Musée égyptien du Caire (CGC 39194).

Stèle figurant Isis-Thermoutis
Marbre, H. 32 cm.
Époque romaine, IIe s. ap. J.-C., Canope,
Musée des antiquités de la Bibliotheca Alexandrina (SCA 207) – fouilles IEASM.

Statue d'Arsinoé
Granite noir, H. 150 cm.
IIIe s. av. J.-C., Canope,
Musée des antiquités de la Bibliotheca Alexandrina (SCA 208) – fouilles IEASM.

Reine vêtue en Isis, Cléopâtre III (?)
Granite noir, H. 220 cm.
IIe s. av. J.-C.,Thônis-Héracléion,
Musée national d'Alexandrie (SCA 283) – fouilles IEASM.

p. 57
Stèle du tombeau d'Osiris
Calcaire, H. 60 cm.
XXXe dynastie (380-343), Karnak,
Musée égyptien du Caire (PV.2014.18).

p. 61
Couronne *hem-hem*
Bronze, H. 15 cm.
Fin Ve – début IVe s. av. J.-C., Thônis-Héracléion,
Musée maritime d'Alexandrie (SCA 401) – fouilles IEASM.

p. 64
Buste du dieu Nil
Grauwacke, H. 67 cm.
Époque romaine, IIe s. ap. J.-C., Canope,
Musée maritime d'Alexandrie (SCA 842) – fouilles IEASM.